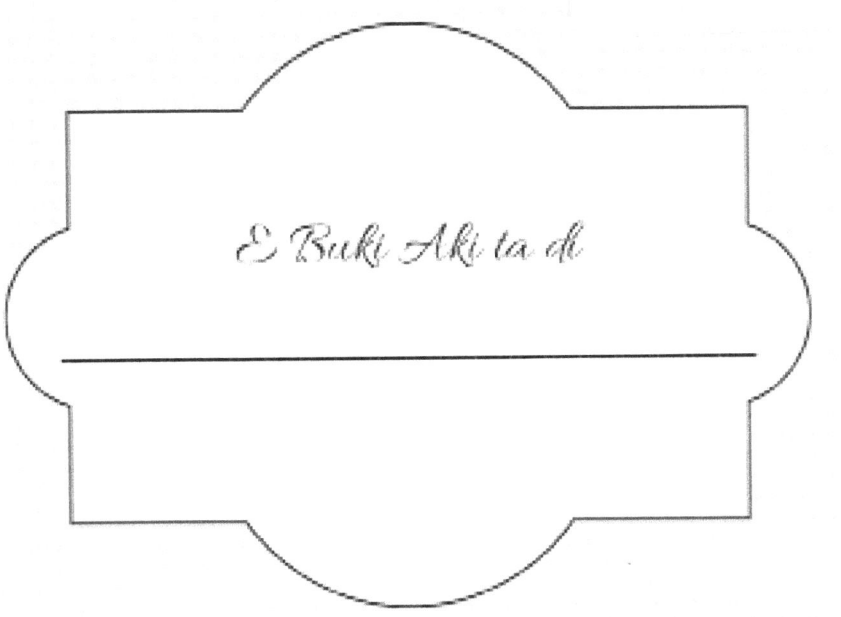

E Buki Aki ta di

Anotashon di mensahe
Copyright © 2019 Saved To Serve International Ministry
All rights reserved.

Dedikashon

Na tur mucha i hóben di La Joya i besindario, ku meresé un bida transformá atraves di e amor di Dios.

Introdukshon

"Iglesia, Skol i Famia" ta yuda mucha, hóben i nan famia, pa alkansá un kambio soshal, emoshonal i espiritual. E obra ta dediká na transformashon di komunidatnan, dor di reuní rekurso i institushonnan. Pa logra e meta akí "Iglesia, Skol i Famia" ta traha huntu ku e komunidatnan di Jarabacoa, skolnan i iglesianan pa asina e obra di Dios por alkansá e meta ku ta; kambio di bida ku ta reflehá Kristu Jesus.

Yo te haré saber y te enseñaré el camino
en que debes andar;te aconsejaré con
mis ojos puestos en ti.
Salmos 32:8

Nòmber di Predikadó:	Fecha:
	Orashon
Versíkulo:	
Anotashon:	

Proverbionan 14:27
E temor di SEÑOR ta un fuente di bida, pa evitá e trampanan di morto.

Anotashon:

Kon ta apliká e bèrdat nan akí

Nòmber di Predikadó:	Fecha:
	Orashon
Versíkulo:	
Anotashon:	

---

1 Pedro 1:3

Bendishoná sea e Dios i Tata di nos Señor Jesu-Cristo, Kende, segun Su gran miserikòrdia, a hasi nos nase di nobo den un speransa bibu pa medio di e resurekshon di Jesu-Cristo for di e mortonan.

Anotashon:

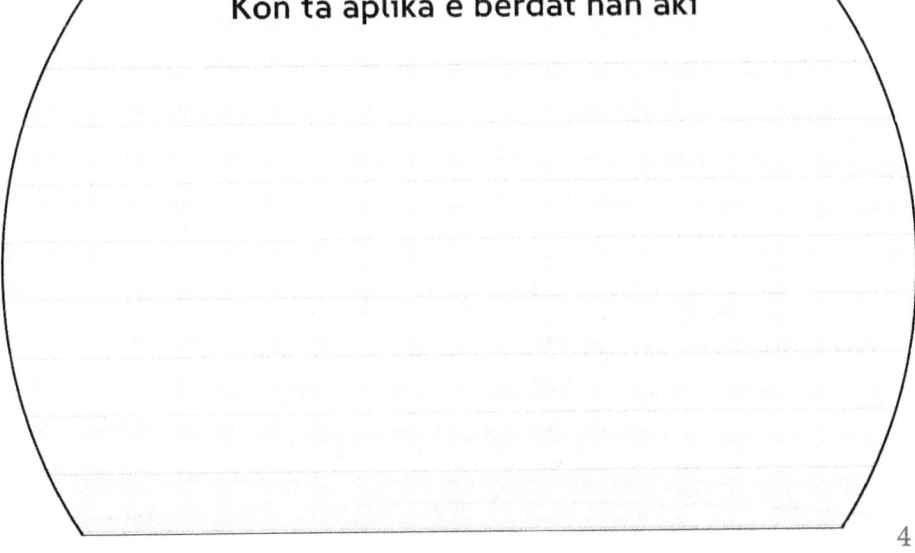
Kon ta apliká e bèrdat nan akí

Nòmber di Predikadó:	Fecha:
Versíkulo:	Orashon
Anotashon:	

Hebreonan 1:3

3 I E ta e resplandor di Su gloria i e representashon eksakto di Su naturalesa, i ta sostené tur kos pa medio di e palabra di Su poder. Despues ku El a hasi purifikashon pa pikánan, El a sinta na man drechi di e Mahestat den halturanan.

Anotashon:

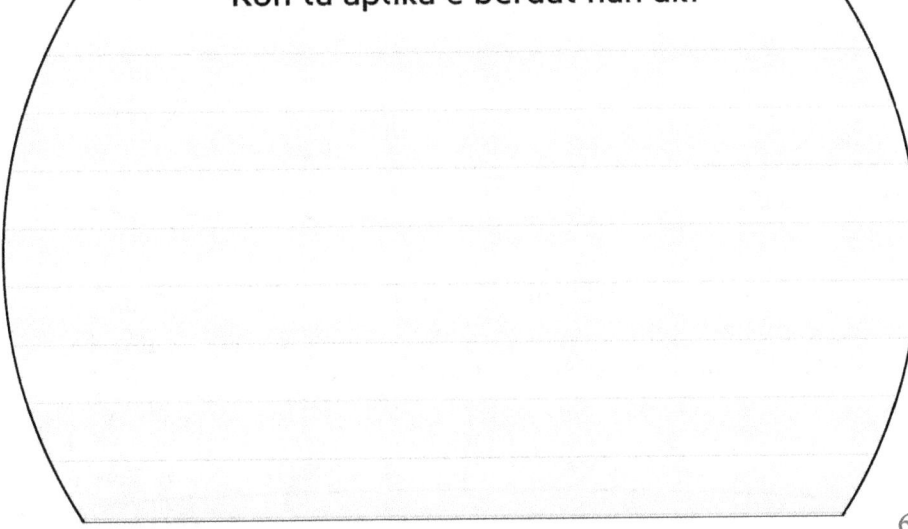

Kon ta apliká e bèrdat nan akí

Nòmber di Predikadó:	Fecha:
	Orashon
Versíkulo:	
Anotashon:	

Deuteronomio 10: 12
"I awor, Israel, kiko SEÑOR bo Dios ta pidi di bo, si no ta pa teme SEÑOR bo Dios, pa kana den tur Su kamindanan i stim'E, i pa sirbi SEÑOR bo Dios ku henter bo kurason i ku henter bo alma.

Anotashon:

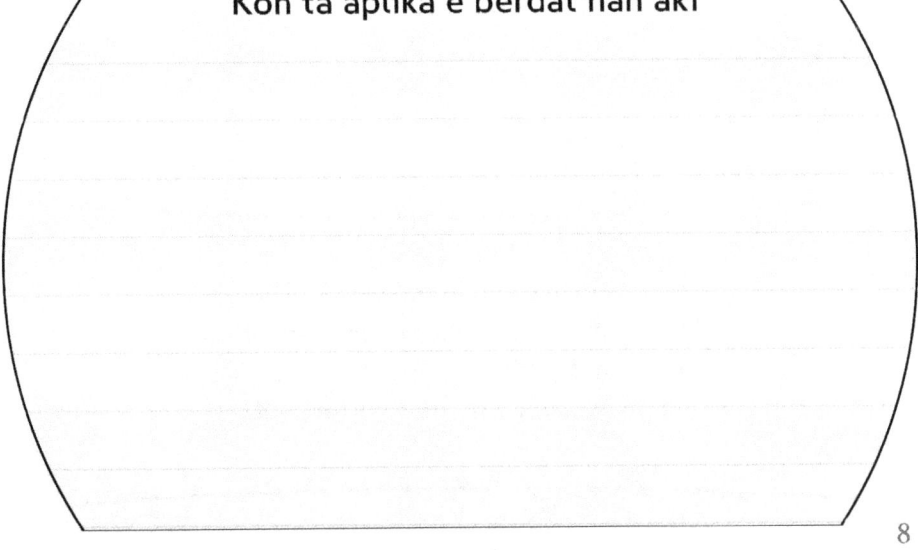

Kon ta apliká e bèrdat nan akí

Nòmber di Predikadó:	Fecha:
	Orashon
Versíkulo:	
Anotashon:	

Job 5:8-9
"Ma pa loke t'ami, lo mi a buska Dios,
i lo mi a presentá mi kaso dilanti di Dios,
9 Kende ta hasi kosnan grandi i inskudriñabel,
maraviyanan ku no por wòrdu kontá.

Anotashon:

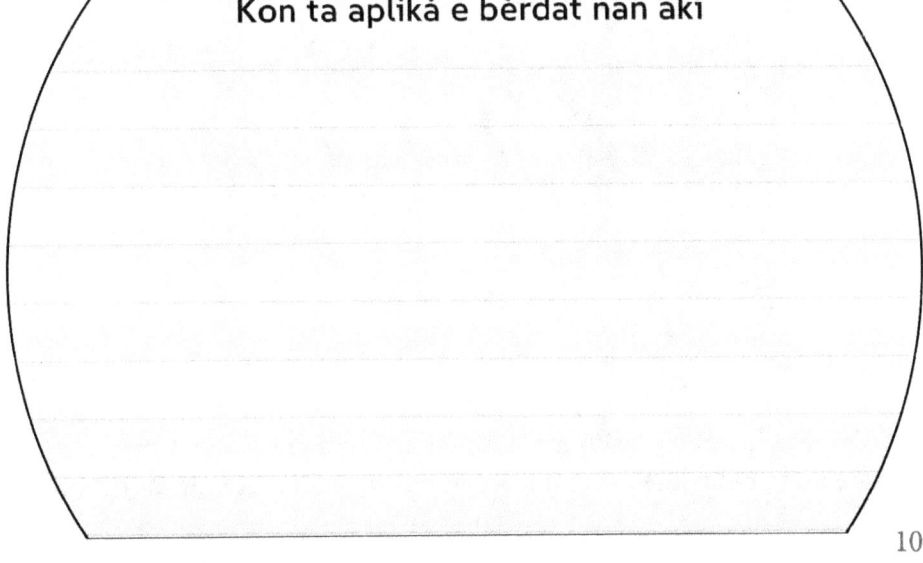
Kon ta apliká e bèrdat nan akí

Bo por hasi orashon pa mi?

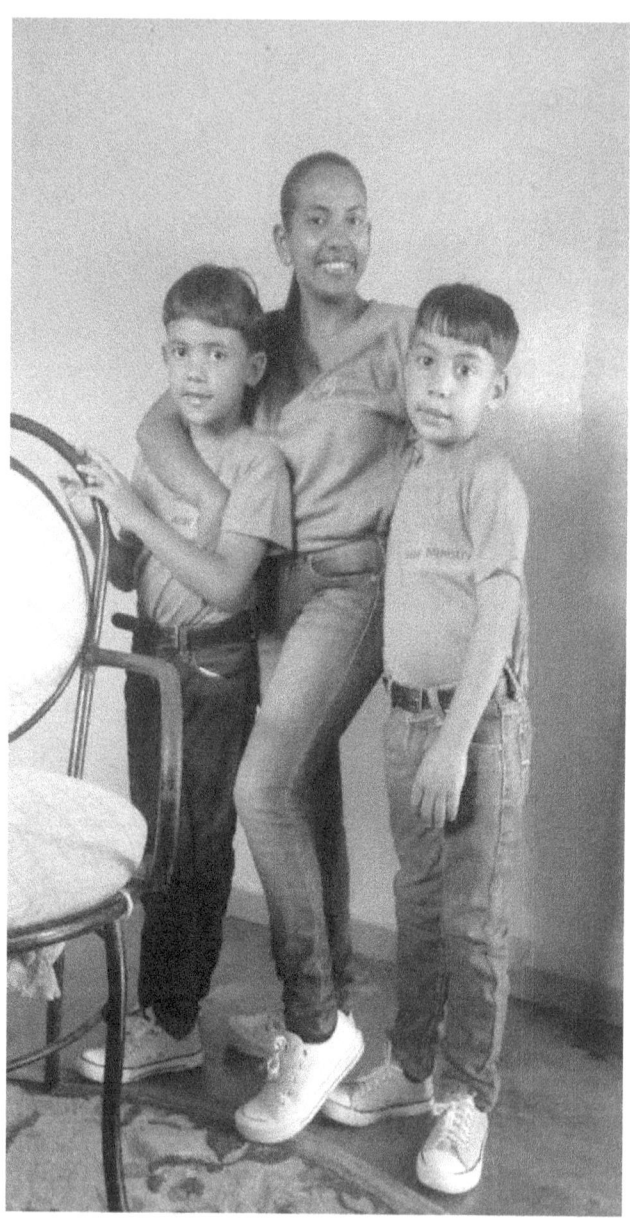

Jonas 4:2b
Pasobra mi tabata sa ku Bo ta un Dios yen di grasia i kompashon. Kende no ta rabia lihé i ta abundá den miserikòrdia i Kende ta repentí di kalamidat.

Bo por hasi orashon pa mi?

Proverbionan 14:27
E temor di SEÑOR ta un fuente di bida, pa evitá e trampanan di morto.

Nòmber di Predikadó:	Fecha:
Versíkulo:	Orashon
Anotashon:	

Job 9:10
E ta hasi kosnan grandi i insondabel, i obranan maraviyoso ku no por wòrdu kontá.

Anotashon:

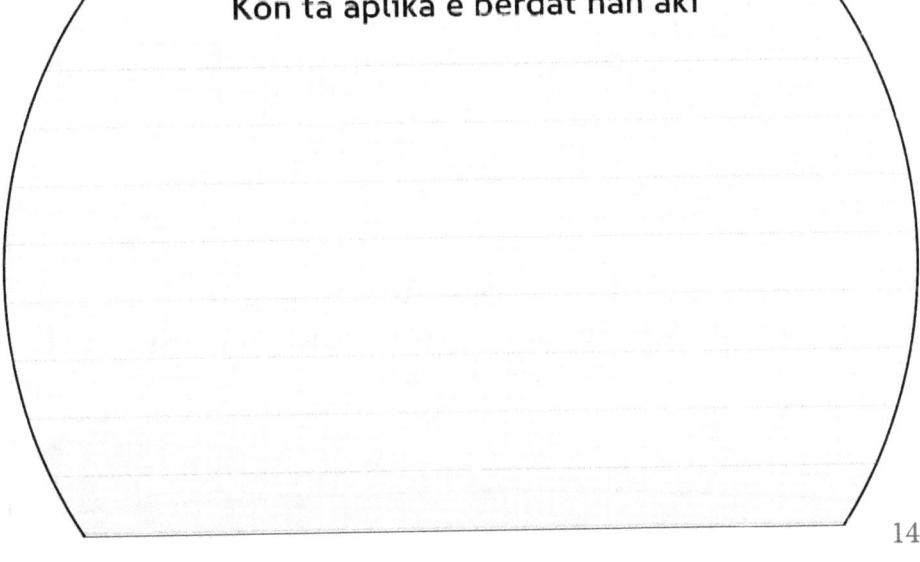

Kon ta apliká e bèrdat nan akí

Nòmber di Predikadó:	Fecha:
Versíkulo:	Orashon
Anotashon:	

Salmo 3:3
Ma Abo, O SEÑOR, ta un eskudo rònt di mi, mi gloria, i Esun ku ta halsa mi kabes.

Anotashon:

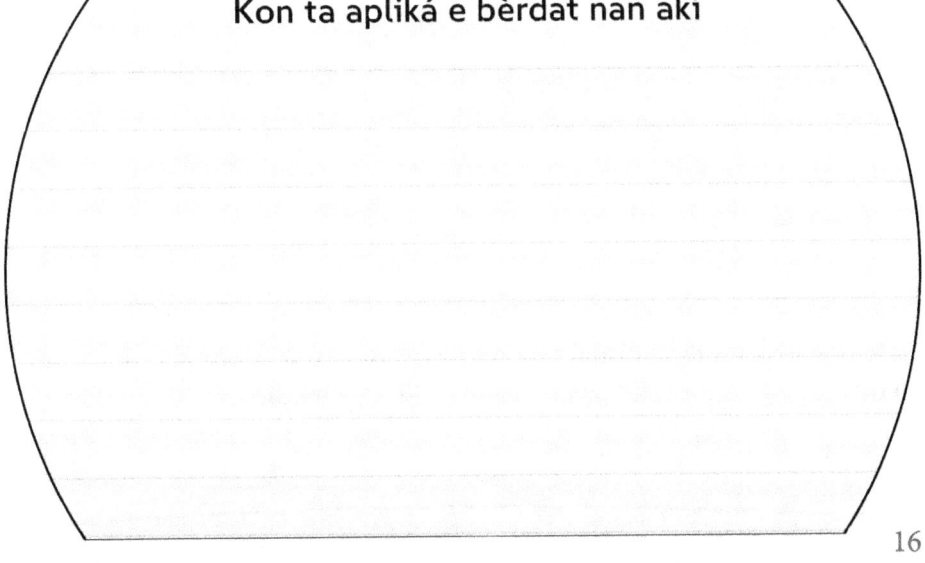
Kon ta apliká e bèrdat nan akí

Nòmber di Predikadó:	Fecha:
Versíkulo:	Orashon
Anotashon:	

---

1 Pedro 1:6
Den esaki boso ta regosihá grandemente, ounke ku awor pa un tempu kòrtiku, si ta nesesario, boso a wòrdu afligí pa medio di varios prueba.

Anotashon:

Kon ta apliká e bèrdat nan akí

Nòmber di Predikadó:	Fecha:
Versíkulo:	Orashon

Anotashon:

Salmo 11:7
Pasobra SEÑOR ta hustu; E ta stima hustisia;
e hende rekto lo mira Su kara.

Anotashon:

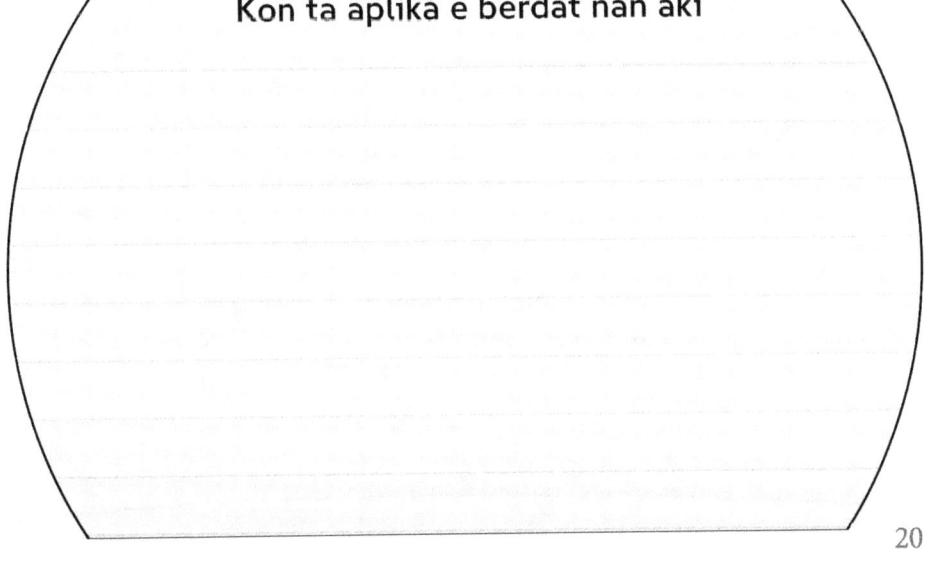
Kon ta apliká e bèrdat nan akí

Nòmber di Predikadó:	Fecha:
	Orashon
Versíkulo:	
Anotashon:	

Salmo 18:30
Pa loke ta Dios, Su kaminda ta perfekto; e Palabra di SEÑOR ta probá;
E ta un eskudo pa tur esnan ku ta tuma refugio den djE.

Anotashon:

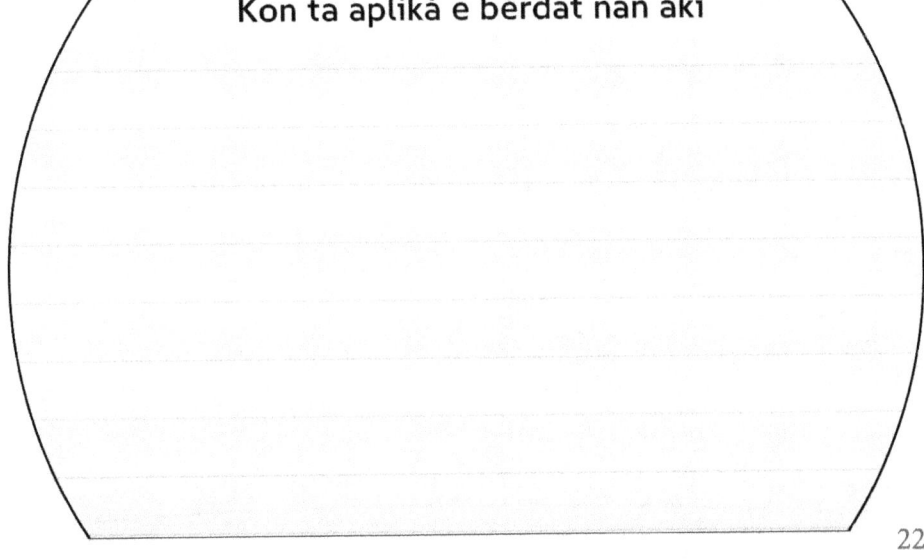

Nòmber di Predikadó:	Fecha:
	Orashon
Versíkulo:	
Anotashon:	

Salmo 33:4-5
Pasobra e palabra di SEÑOR ta bèrdadero, i tur Su obra ta hasí den fieldat. E ta stima hustisia i huisio; mundu ta yen di e miserikòrdia di SEÑOR.

Anotashon:

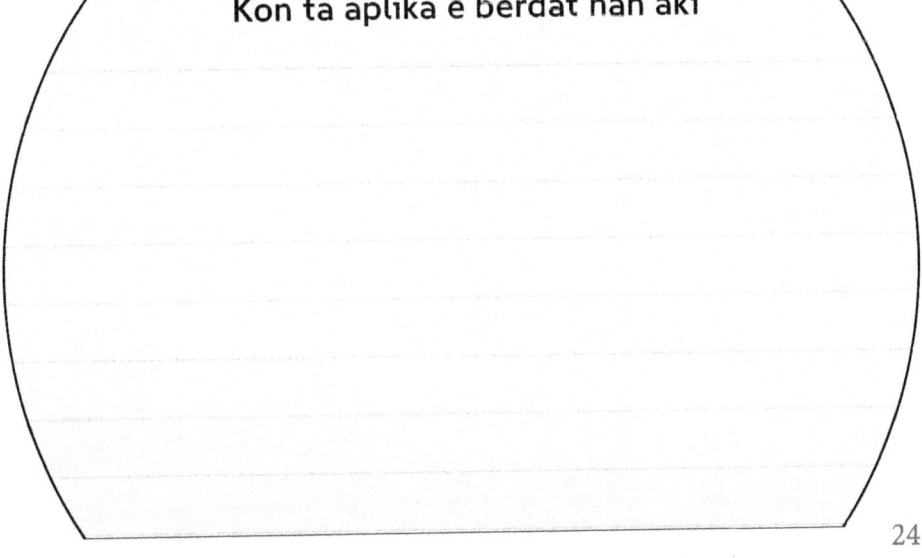
Kon ta apliká e bèrdat nan akí

Nòmber di Predikadó:	Fecha:
	Orashon
Versíkulo:	

Anotashon:

Salmo 47:8
Dios ta reina riba e nashonnan, Dios ta sinta riba Su trono santu.

Anotashon:

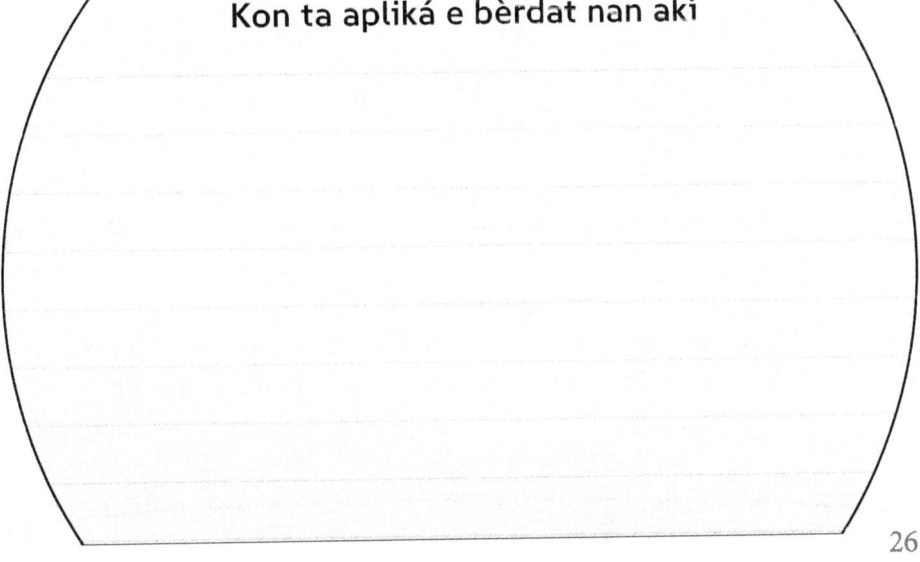

Kon ta apliká e bèrdat nan akí

Nòmber di Predikadó:	Fecha:
	Orashon
Versíkulo:	

Anotashon:

Salmo 56:4
Den Dios, Kende Su palabra mi ta alabá, den Dios mi ta pone mi konfiansa; lo mi no tin miedu. Kiko hende por hasimi?

Anotashon:

Kon ta apliká e bèrdat nan akí

Nòmber di Predikadó:	Fecha:
Versíkulo:	Orashon
Anotashon:	

Eksodo 15:11
Ken ta manera Bo entre e diosnan, O SEÑOR? Ken ta manera Bo, mahestuoso den santidat, temibel den gloria, obrando maraviyanan?

Anotashon:

Kon ta apliká e bèrdat nan akí

Bo por hasi orashon pa mi?

1 Pedro 1:7
pa e prueba di boso fe, ku ta mas presioso ku oro ku ta peresé, ounke ku e ta wòrdu probá dor di kandela, lo por resultá den alabansa i gloria i onor ora Jesu-Cristo wòrdu revelá;

Bo por hasi orashon pa mi?

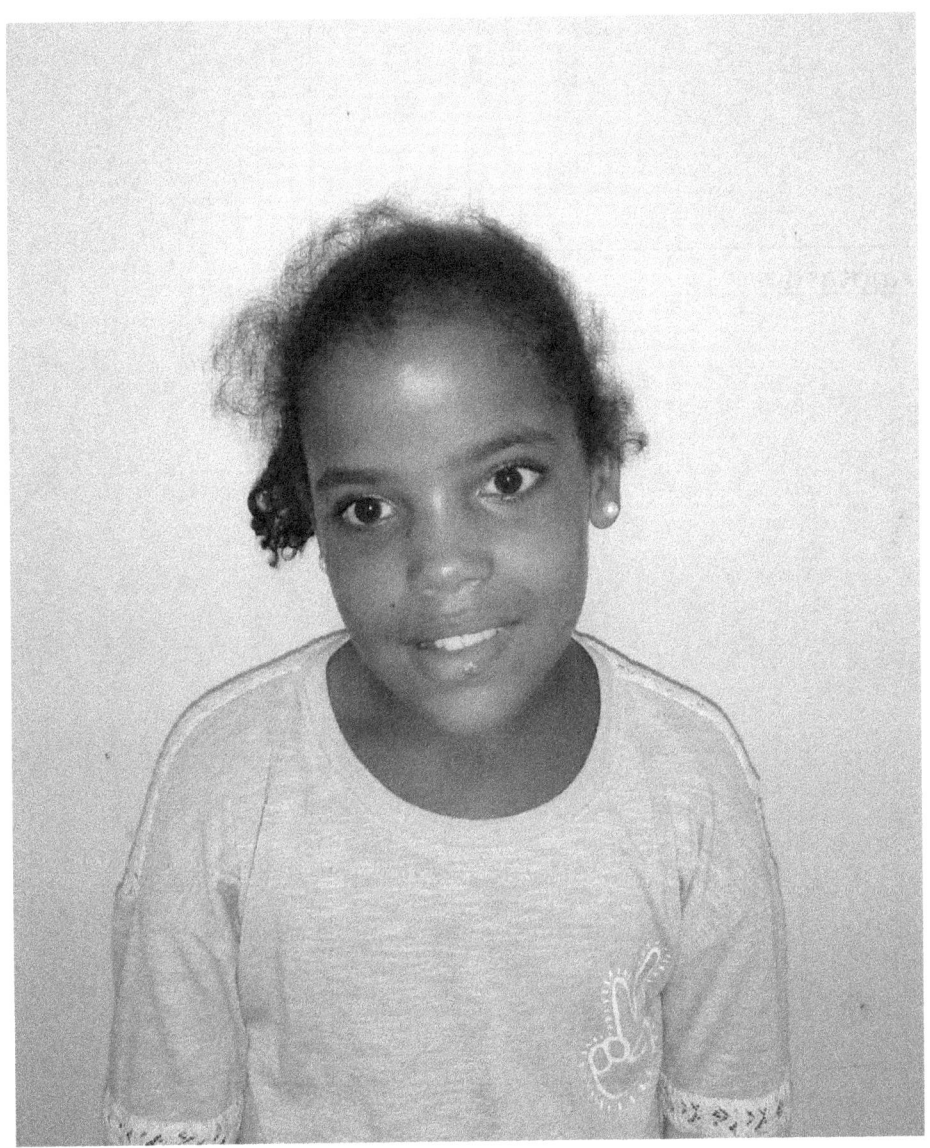

1 Korintionan 2:9
ma manera ta pará skirbí: "Kosnan ku wowo no a mira ni orea a tende, ni a drenta kurason di hende, tur loke Dios a prepará pa esnan ku ta stim'E."

Nòmber di Predikadó:	Fecha:
	Orashon
Versíkulo:	

Anotashon:

Salmo 19:1
E shelunan ta konta di e gloria di Dios; i e firmamentu ta proklamá e obra di Su mannan.

Anotashon:

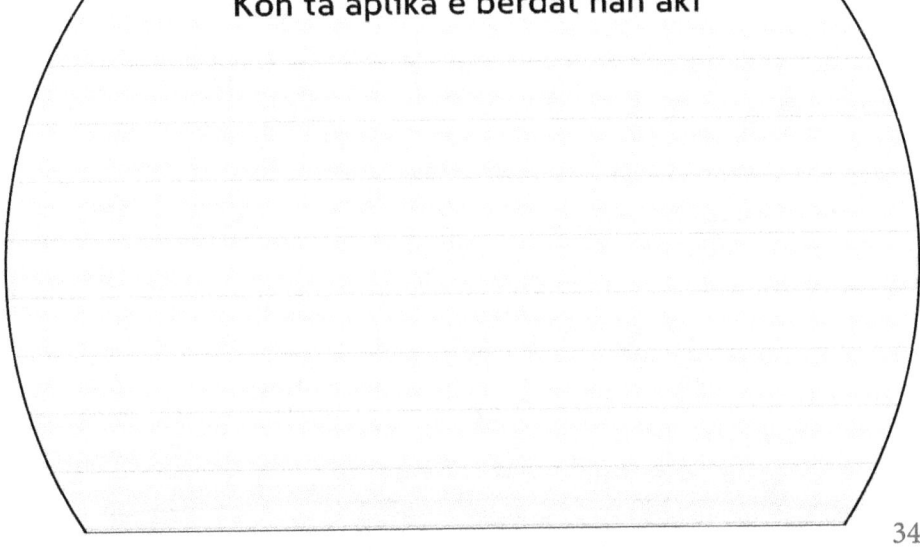
Kon ta apliká e bèrdat nan akí

Nòmber di Predikadó:	Fecha:
	Orashon
Versíkulo:	

Anotashon:

Salmo 55: 22
Tira bo karga riba SEÑOR, i E lo sostenébo;
nunka E lo no pèrmití pa e hustu wòrdu moví.

Anotashon:

Kon ta apliká e bèrdat nan akí

Nòmber di Predikadó:	Fecha:
Versíkulo:	Orashon
Anotashon:	

Salmo 62:5-6
Mi alma ta spera den kietut riba Dios so. pasobra mi speransa ta den djE. E so ta mi baranka i mi salbashon, mi defensa; lo mi no wòrdu moví

Anotashon:

Kon ta apliká e bèrdat nan akí

Nòmber di Predikadó:	Fecha:
	Orashon
Versíkulo:	

Anotashon:

Salmo 84:11
Pasobra SEÑOR Dios ta un solo i un eskudo. SEÑOR ta duna grasia i gloria. E no ta keda sin duna loke ta bon na esnan ku ta kana den rektitut.

Anotashon:

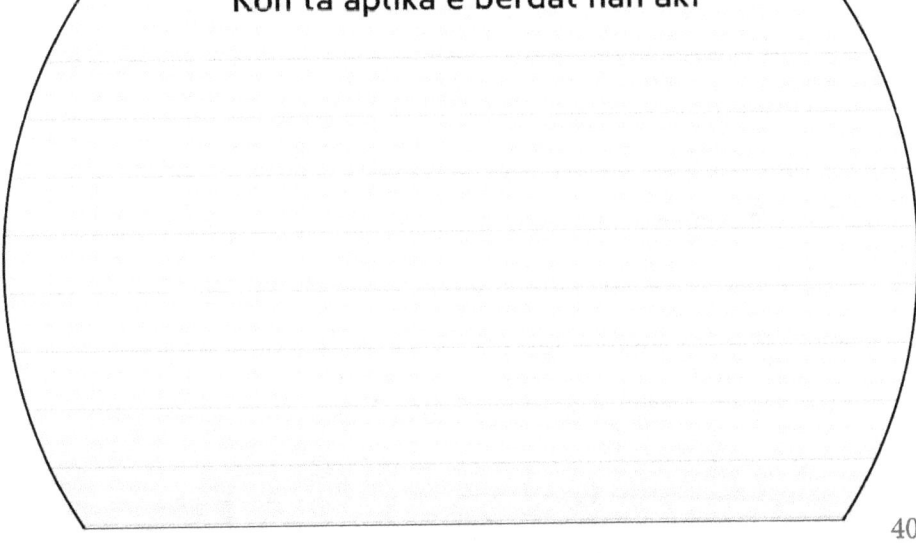

Kon ta apliká e bèrdat nan akí

Nòmber di Predikadó:	Fecha:
	Orashon
Versíkulo:	
Anotashon:	

Job 5:17-18

Bendishoná ta e hòmber ku Dios ta reprendé; pesei no despresiá e disiplina di e Todopoderoso. Pasobra E ta kousa doló i E ta duna alivio; E ta heridá i Su man ta kura.

Anotashon:

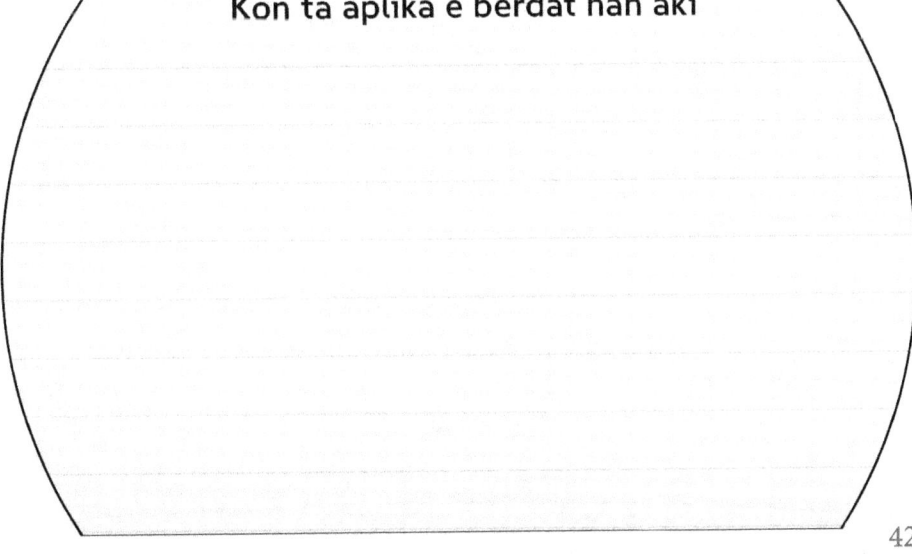
Kon ta apliká e bèrdat nan akí

Nòmber di Predikadó:	Fecha:
Versíkulo:	Orashon
Anotashon:	

Proverbionan 3:5-6

Konfia den SEÑOR ku henter bo kurason, i no dependé riba bo mes komprendementu. Den tur bo kamindanan rekonos'E, i E lo dirigí bo berehanan.

Anotashon:

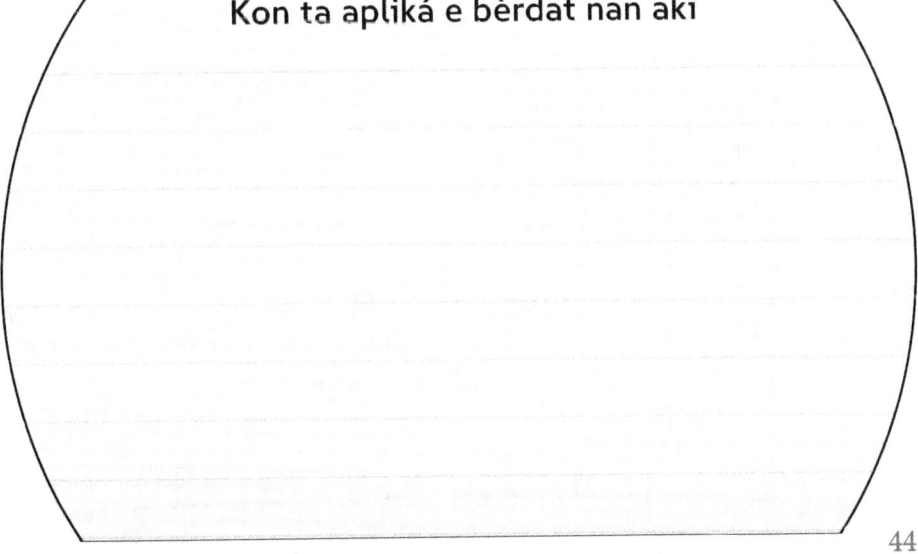
Kon ta apliká e bèrdat nan akí

Nòmber di Predikadó:	Fecha:
Versíkulo:	Orashon
Anotashon:	

Proverbionan 9:10
E temor di SEÑOR ta e prinsipio di sabiduria, i e konosementu di Esun Santu ta komprendementu.

Anotashon:

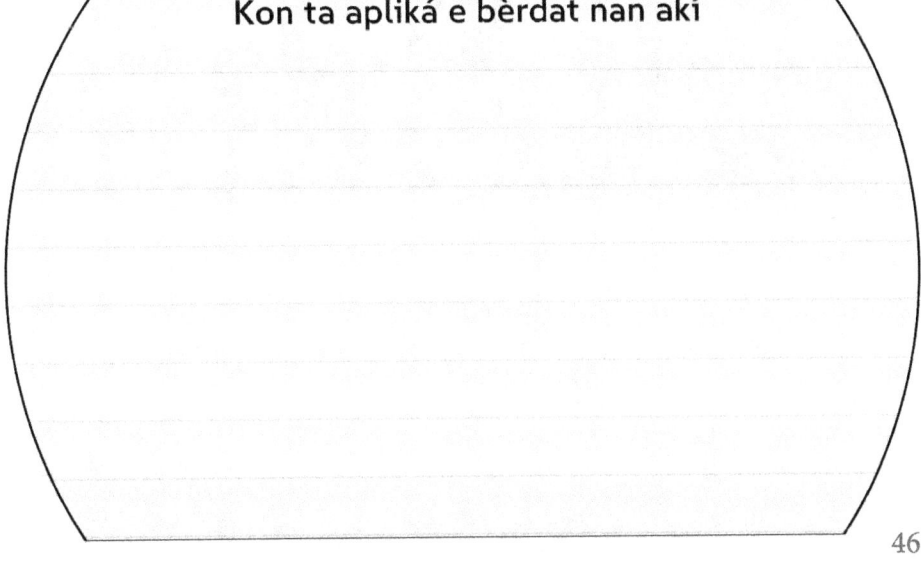
Kon ta apliká e bèrdat nan akí

Bo por hasi orashon pa mi?

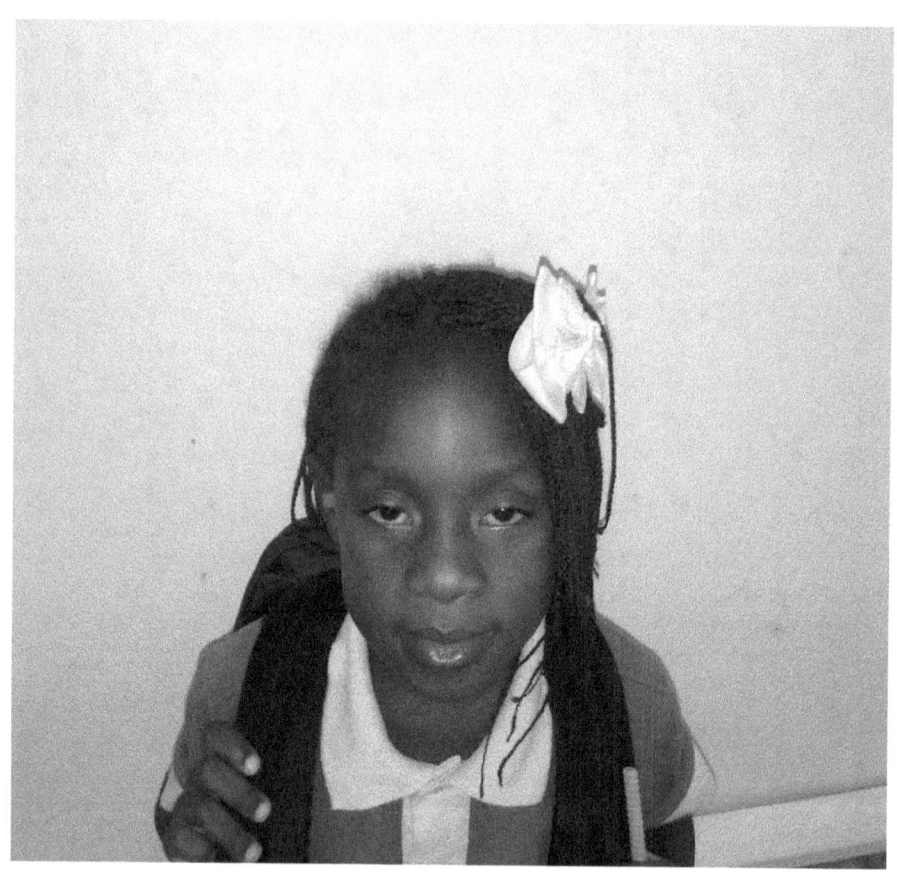

Mateo 24:35
Shelu i tera lo pasa, ma Mi palabranan lo no pasa.

Bo por hasi orashon pa mi?

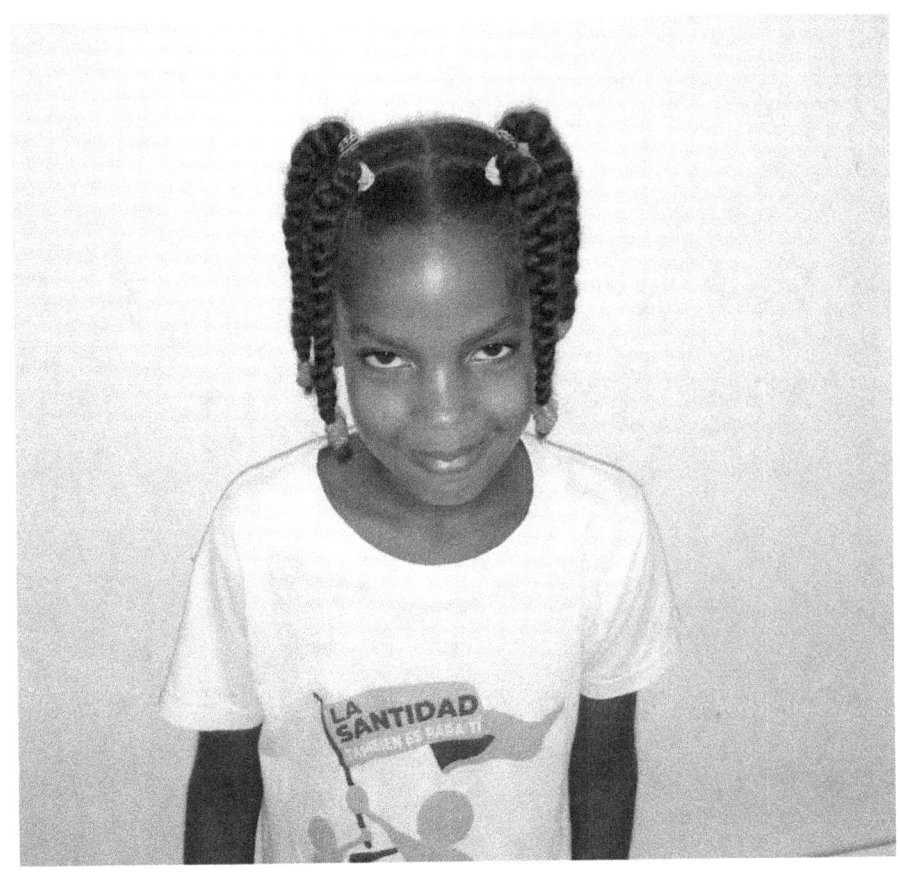

Romanonan 10:11
Pasobra Skritura ta bisa: "Ken ku kere den djE lo no keda brongosá."

Nòmber di Predikadó:	Fecha:
Versíkulo:	Orashon
Anotashon:	

Proverbionan 15:33
E temor di SEÑOR ta instrukshon pa sabiduria, i promé ku onor ta bin umildat.

Anotashon:

> Kon ta apliká e bèrdat nan akí

Nòmber di Predikadó:	Fecha:
	Orashon
Versíkulo:	

Anotashon:

Isaias 26: 4
Konfia den SEÑOR pa semper,
pasobra den DIOS e SEÑOR nos tin un Baranka etèrno.

Anotashon:

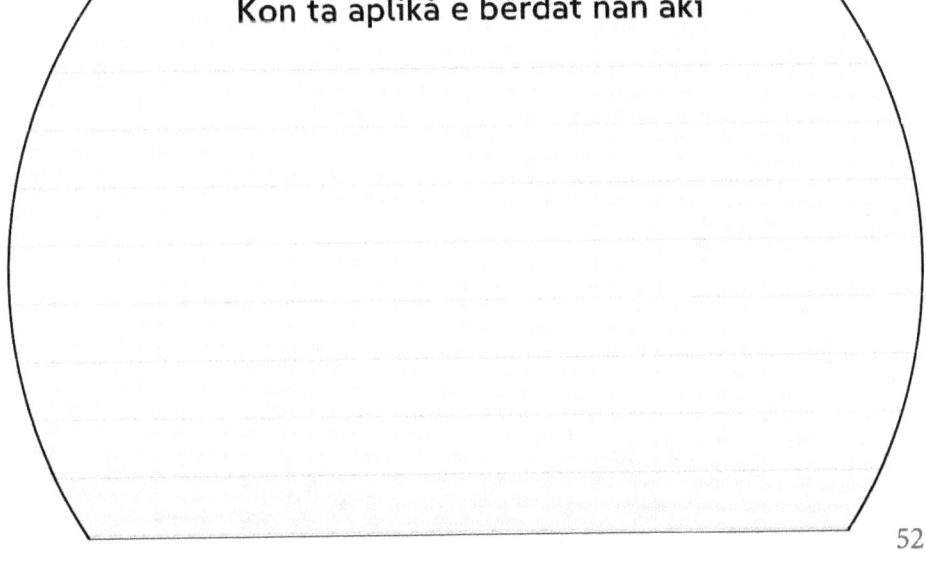

Kon ta apliká e bèrdat nan akí

Nòmber di Predikadó:	Fecha:
	Orashon
Versíkulo:	
Anotashon:	

---

1 Pedro 1:22
Komo ku den obedensia na e bèrdat boso a purifiká boso alma pa un amor sinsero pa ku e rumannan, stima otro fervientemente di kurason.

Anotashon:

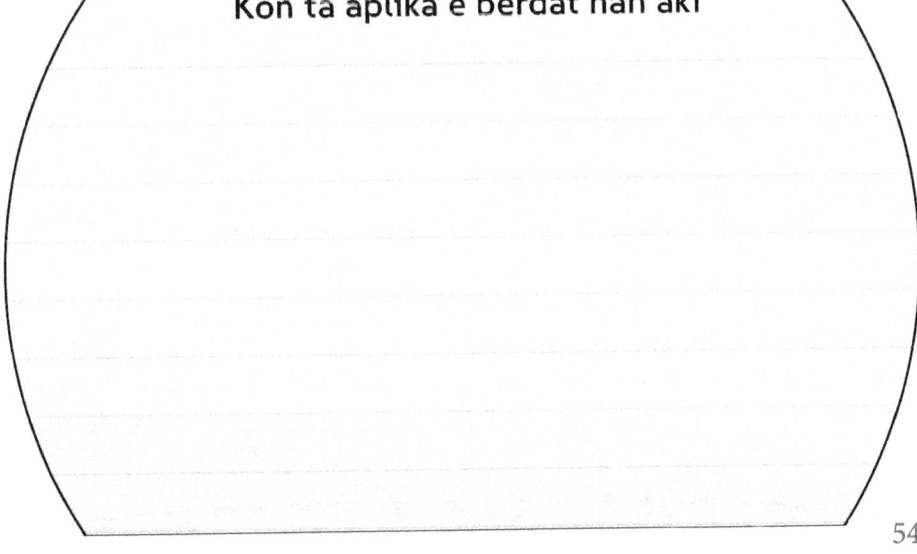

Kon ta apliká e bèrdat nan akí

Nòmber di Predikadó:	Fecha:
Versíkulo:	Orashon
Anotashon:	

Isaias 58:11

I SEÑOR lo guiabo kontinuamente, i lo satisfasé bo deseo den lugánan kimá dor di solo, i duna forsa na bo wesunan; lo bo ta manera un hòfi bon muhá, i manera un fuente di awa ku su awanan no ta kaba.

Anotashon:

Kon ta apliká e bèrdat nan akí

Nòmber di Predikadó:	Fecha:
	Orashon
Versíkulo:	

Anotashon:

Job 23:12
Mi no a bandoná e mandamentu di Su lepnan; mi a stima e palabranan di Su boka mas ku mi porshon di kuminda di tur dia.

Anotashon:

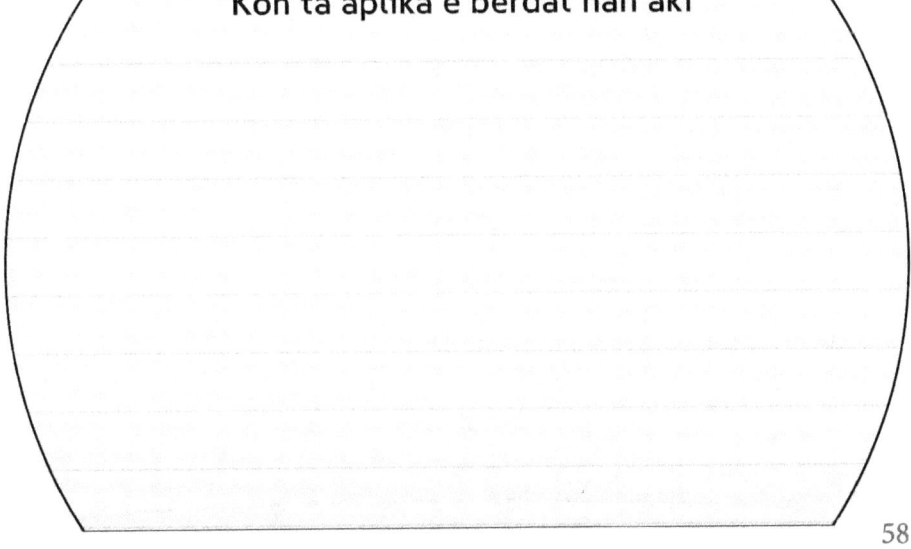
Kon ta apliká e bèrdat nan akí

Nòmber di Predikadó:	Fecha:
Versíkulo:	Orashon
Anotashon:	

Jonas 4:2b
Pasobra mi tabata sa ku Bo ta un Dios yen di grasia i kompashon.
Kende no rabia lihé i ta abundá den miserikòrdia i Kende ta repentí di kalamidat.

Anotashon:

> Kon ta apliká e bèrdat nan akí

Nòmber di Predikadó:	Fecha:
	Orashon
Versíkulo:	
Anotashon:	

Sofonias 3:17
SEÑOR bo Dios ta meimei di bo, un guerero viktorioso. E lo regosihá den bo ku alegria. E lo ta ketu den Su amor, E lo regosihá den bo ku gritu di alegria.

Anotashon:

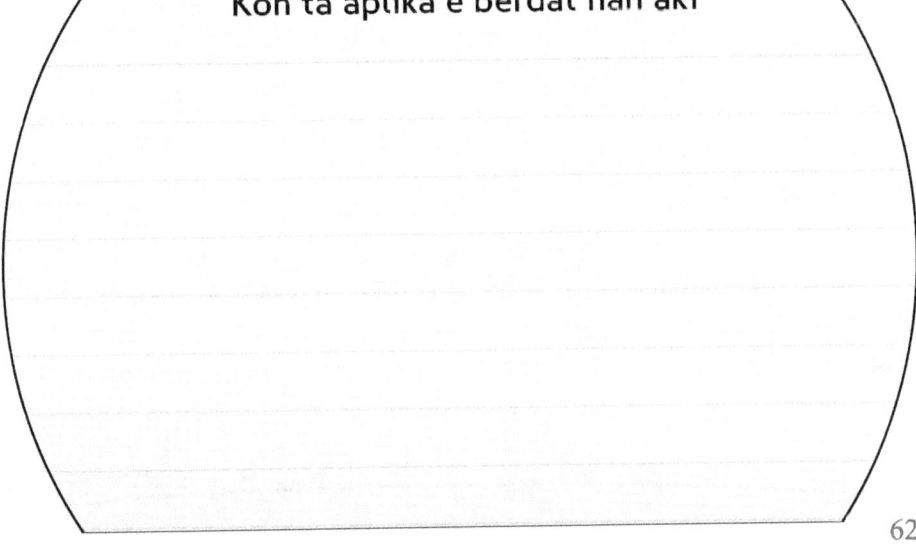
Kon ta apliká e bèrdat nan akí

Nòmber di Predikadó:	Fecha:
Versíkulo:	Orashon
Anotashon:	

Hebreonan 4:12.

Pasobra e palabra di Dios ta bibu i aktivo i mas skèrpi ku kualkier spada di dos filo, i ta penetrá te na e divishon di alma i spiritu, i di skarnir i tuti, i ta kapas pa huzga e pensamentunan i intenshonnan di kurason.

Anotashon:

Nòmber di Predikadó:	Fecha:
Versíkulo:	Orashon
Anotashon:	

2 Timoteo 3:16-17.
Tur Skritura ta inspirá pa Dios i ta útil pa siñansa, pa reprendementu, pa korekshon, pa eduká den hustisia, pa e hende di Dios por ta perfekto, ekipá pa tur bon obra.

Anotashon:

Kon ta apliká e bèrdat nan akí

Nòmber di Predikadó:	Fecha:
	Orashon
Versíkulo:	
Anotashon:	

Salmo 119:114.
Bo ta mi lugá di skonde i mi eskudo; mi speransa ta den Bo palabra.

Anotashon:

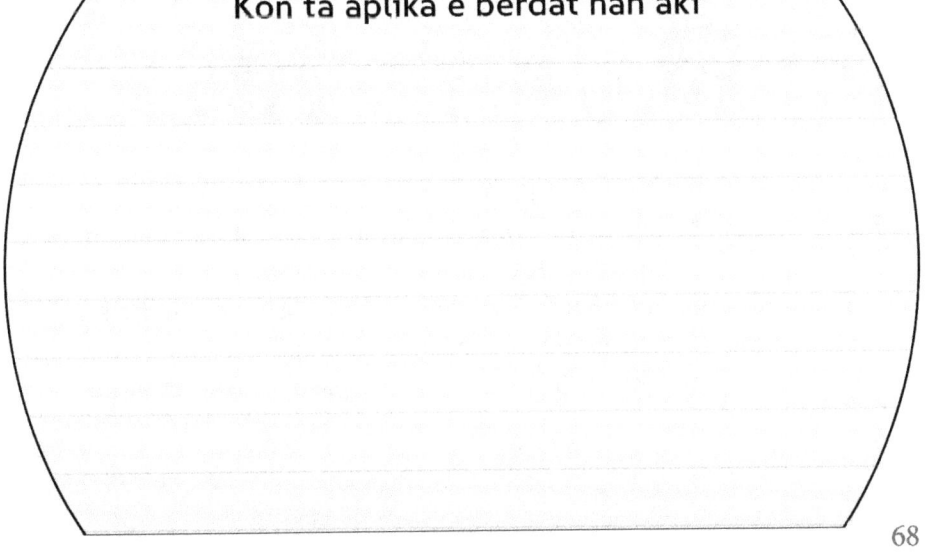

Bo por hasi orashon pa mi?

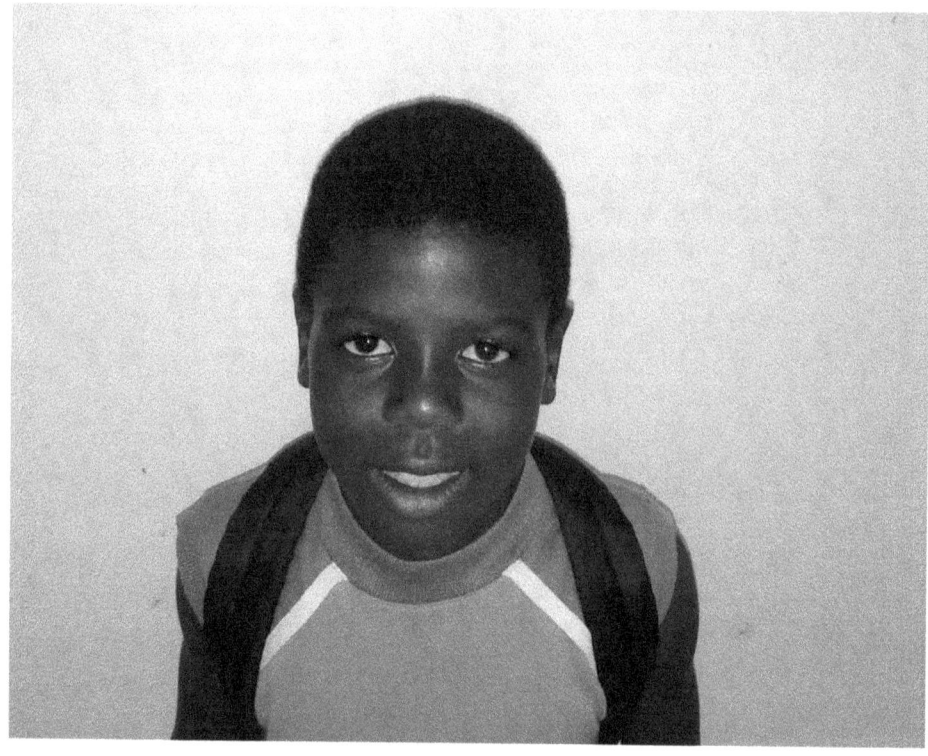

1 Pedro 1:14-16
Komo yunan obedesido, no konformá boso ku e pashonnan ku boso tabatin antes den boso ignoransia,
ma meskos ku Esun Santu ku a yama boso, boso mes tambe sea santu den tur boso kondukta;
pasobra ta pará skirbí: "Boso lo ta santu, pasobra Ami ta santu."

Bo por hasi orashon pa mi?

1 Pedro 1:18-19
sabiendo ku boso no a wòrdu redimí ku kosnan ku ta peresé,
manera plata òf oro, for di boso manera bano di biba ku boso a
eredá di boso antepasadonan,
ma ku sanger presioso, komo di un Lamchi sin defekto
i sin mancha, e sanger di Cristo.

Nòmber di Predikadó:	Fecha:
Versíkulo:	Orashon
Anotashon:	

Proverbionan 6:23
Pasobra e mandamentu ta un lampi, i e siñansa ta lus;
i e reprendementunan di disiplina ta e kaminda di bida,

Anotashon:

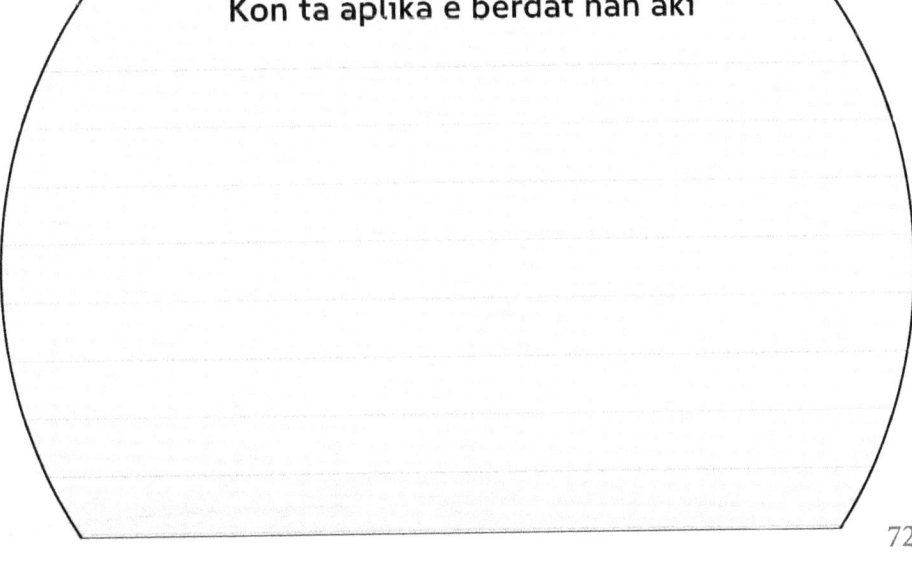
Kon ta apliká e bèrdat nan akí

Nòmber di Predikadó:	Fecha:
	Orashon
Versíkulo:	
Anotashon:	

Santiago 1:22.
Ma sea kumplidónan di e palabra i no solamente tendedónan ku ta gaña nan mes.

Anotashon:

Kon ta apliká e bèrdat nan akí

Nòmber di Predikadó:	Fecha:
Versíkulo:	Orashon
Anotashon:	

Salmo 119:9
Kon un hóben por tene su kaminda puru?
Dor di mantené esei segun Bo palabra.

Anotashon:

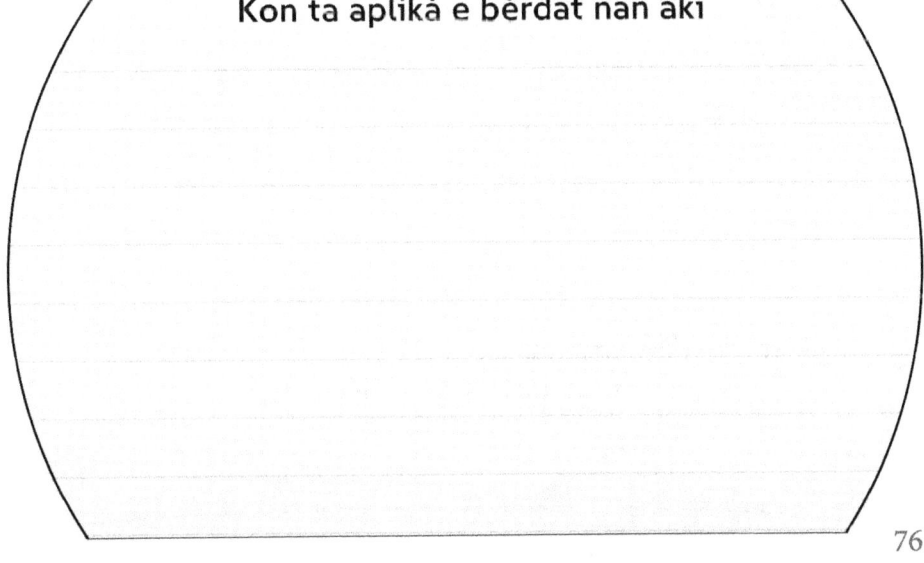

Kon ta apliká e bèrdat nan akí

Nòmber di Predikadó:	Fecha:
Versíkulo:	Orashon
Anotashon:	

Isaias 40:8
Yerba ta seka, flor ta marchitá, ma e palabra di nos Dios
ta permanesé pa semper.

Anotashon:

Kon ta apliká e bèrdat nan akí

Nòmber di Predikadó:	Fecha:
Versíkulo:	Orashon
Anotashon:	

Lukas 11:28
Ma El a bisa; "Alkontrario, bendishoná ta esnan ku ta tende e palabra di Dios, i ta ward'é."

Anotashon:

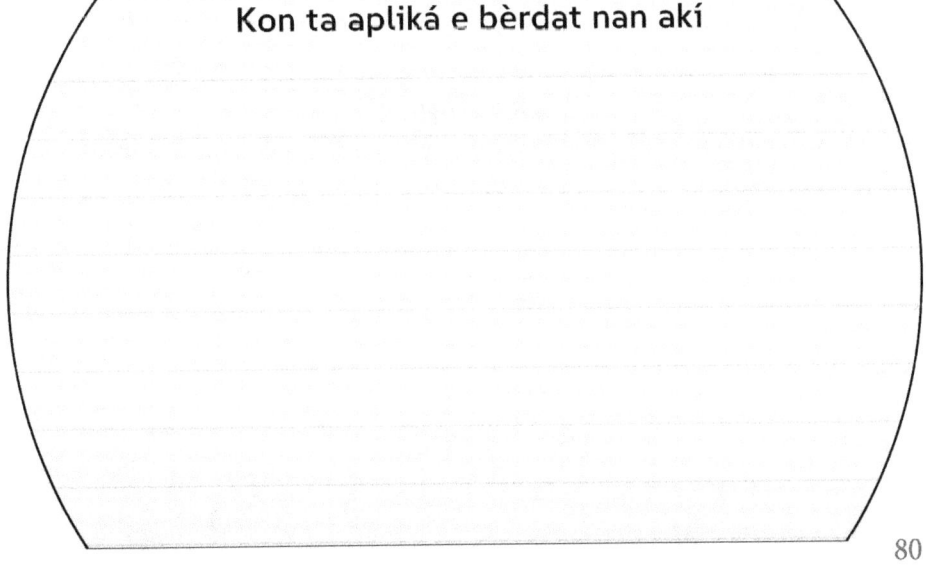

Kon ta apliká e bèrdat nan akí

Bo por hasi orashon pa mi?

Romanonan 8:1
Pesei awor no tin kondenashon pa esnan ku ta den Cristo Jesus.

Bo por hasi orashon pa mi?

Juan 5:24
Di bèrdat, di bèrdat, Mi ta bisa boso, esun ku tende Mi palabra i kere Esun ku a mandaMi, tin bida etèrno, i no ta bin na huisio, ma a pasa for di morto pa bida.

Nòmber di Predikadó:	Fecha:
Versíkulo:	Orashon
Anotashon:	

Mateo 7:24
Pesei, ken ku tende e palabranan aki di Mi, i hasi nan, lo wòrdu kompará ku un hòmber sabí ku a traha su kas riba baranka.

Anotashon:

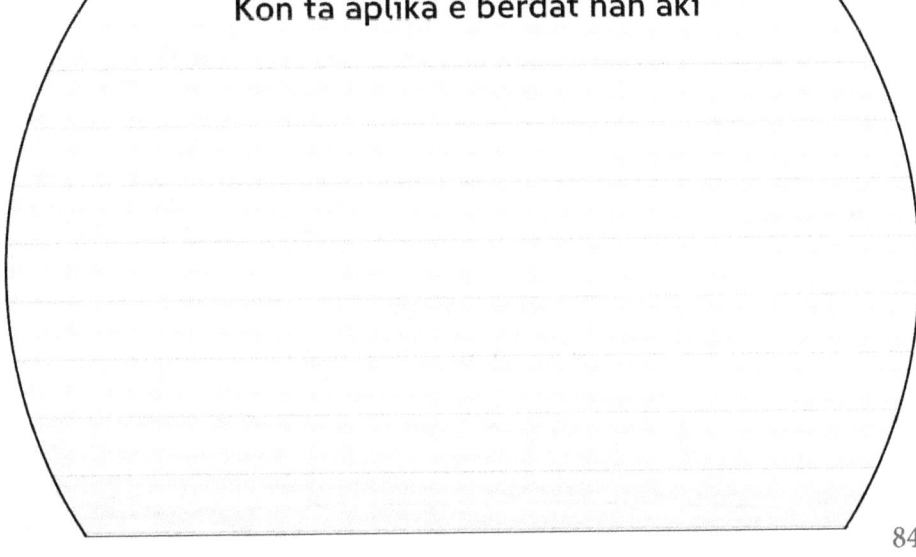
Kon ta apliká e bèrdat nan aki

Nòmber di Predikadó:	Fecha:
	Orashon
Versíkulo:	
Anotashon:	

Mateo 24:35
Shelu i tera lo pasa, ma Mi palabranan lo no pasa.

Anotashon:

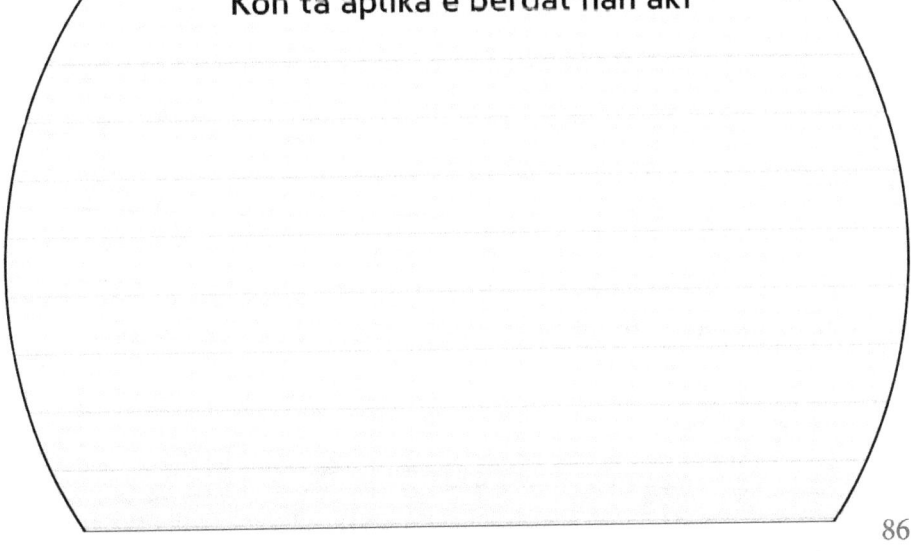

Nòmber di Predikadó:	Fecha:
Versíkulo:	Orashon
Anotashon:	

---

1 Pedro 1:9
hañando komo resultado di boso fe e salbashon di boso alma.

Anotashon:

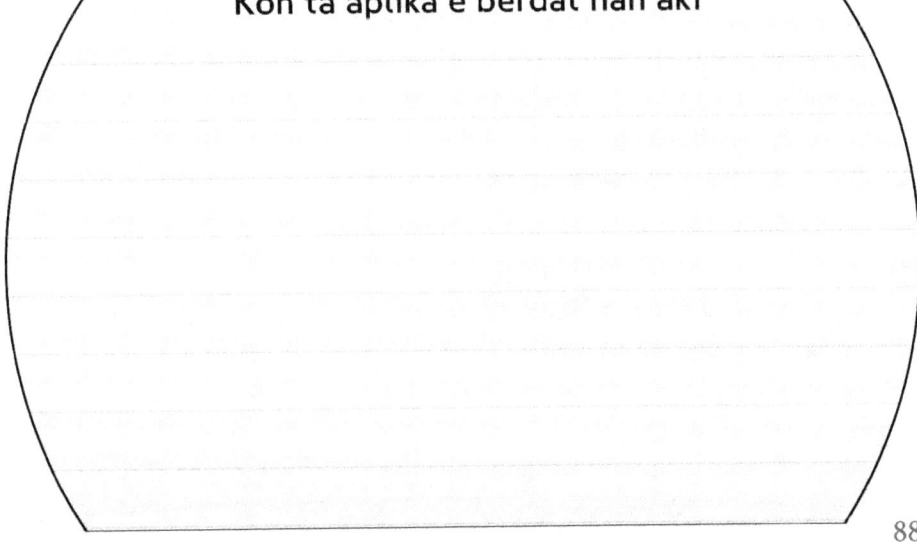

Kon ta apliká e bèrdat nan akí

Nòmber di Predikadó:	Fecha:
	Orashon
Versíkulo:	

Anotashon:

Kolosensenan 3:16
Laga e palabra di Cristo biba rikamente den boso, ku tur sabiduria siñando i spièrtando otro ku salmo i himno i kantika spiritual, kantando ku gradisimentu den boso kurason na Dios.

Anotashon:

Kon ta apliká e bèrdat nan akí

Bo por hasi orashon pa mi?

Job 42: 2
Mi sa ku Bo por hasi tur kos,
i ku ningun di Bo propósitonan no por wòrdu strobá.

Bo por hasi orashon pa mi?

Salmo 55: 22
Tira bo karga riba SEÑOR,
i E lo sostenébo; nunka E lo no pèrmití pa e hustu wòrdu moví.

Nòmber di Predikadó:	Fecha:
	Orashon
Versíkulo:	
Anotashon:	

---

1 Pedro 1:24-25

Pasobra: "Tur karni ta meskos ku yerba, i tur su gloria manera flor di yerba. Yerba ta seka i flor ta kai,
ma e palabra di SEÑOR ta permanesé pa semper." I esaki ta e palabra ku a wòrdu prediká na boso.

Anotashon:

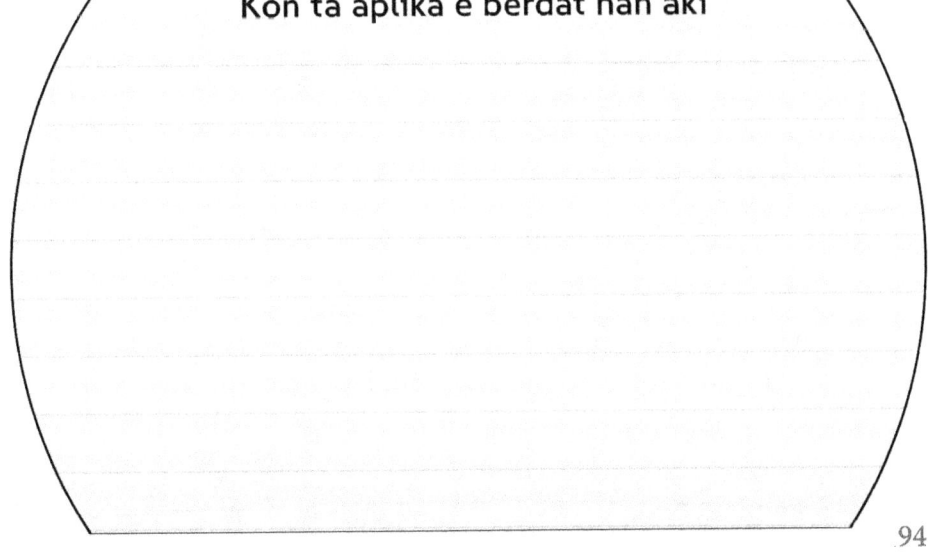

Kon ta apliká e bèrdat nan akí

Nòmber di Predikadó:	Fecha:
	Orashon
Versíkulo:	
Anotashon:	

Romanonan 6:22
Ma awor ku boso a wòrdu librá di piká i a bira esklabu di Dios,
e benefisio ku boso tin ta resultá den santifikashon, i e fin, bida etèrno.

Anotashon:

Kon ta apliká e bèrdat nan akí

Nòmber di Predikadó:	Fecha:
	Orashon
Versíkulo:	
Anotashon:	

1 Pedro 1:8
i maske boso no a mir'E, boso ta stim'E, i maske boso no ta mir'E awor, ma ta kere den djE, boso ta regosihá grandemente ku goso inekspresabel i yen di gloria.

Anotashon:

Kon ta apliká e bèrdat nan akí

Nòmber di Predikadó:	Fecha:
	Orashon
Versíkulo:	

Anotashon:

Romanonan 12:10 -12
Stima otro ku amor fraternal; duna preferensia na otro den onor; no flakia den diligensia, ma sea ferviente den spiritu, sirbiendo Señor; regosihando den speransa, pèrseverando den tribulashon, dediká na orashon.

Anotashon:

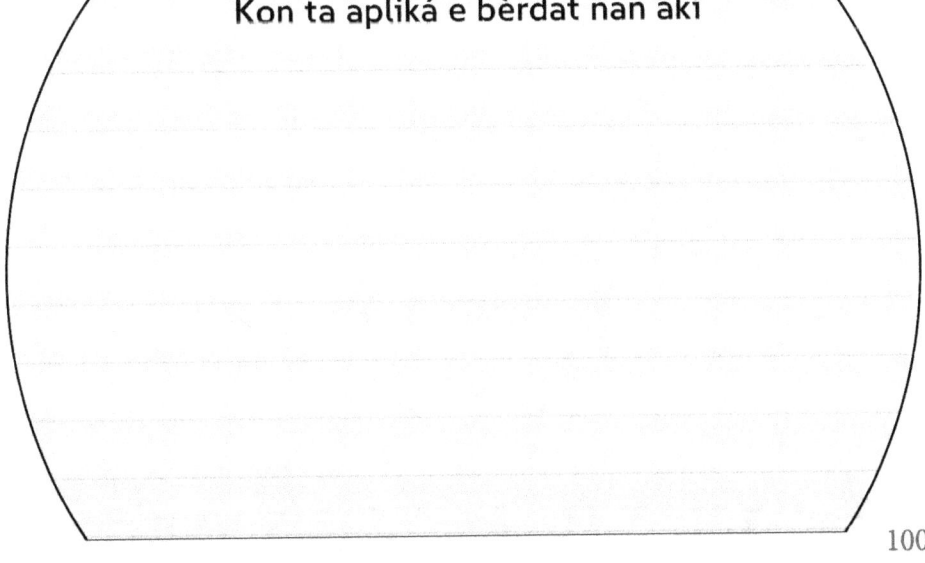

Kon ta apliká e bèrdat nan akí

Nòmber di Predikadó:	Fecha:
	Orashon
Versíkulo:	
Anotashon:	

1 korintionan 1:9
Dios ta fiel, dor di Kende boso a wòrdu yamá pa tin komunion ku Su Yu, Jesu Cristo nos Señor.

Anotashon:

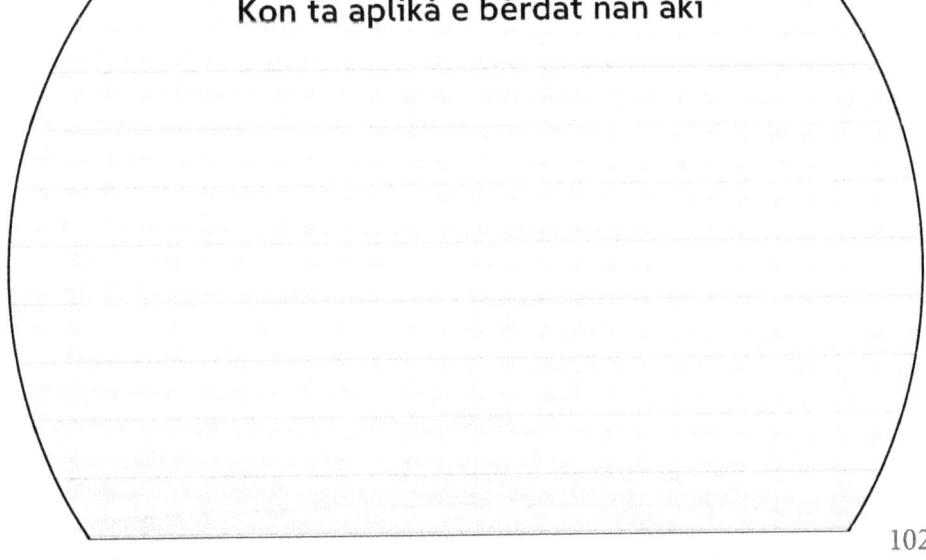

Kon ta apliká e bèrdat nan akí

Nòmber di Predikadó:	Fecha:
Versíkulo:	Orashon

Anotashon:

---

1 Pedro 1:18-19
Pesei, faha e hepnan di boso mente, sea sobrio, fiha boso speransa kompletamente riba e grasia ku lo wòrdu tresí na boso na e revelashon di Jesu-Cristo.

Anotashon:

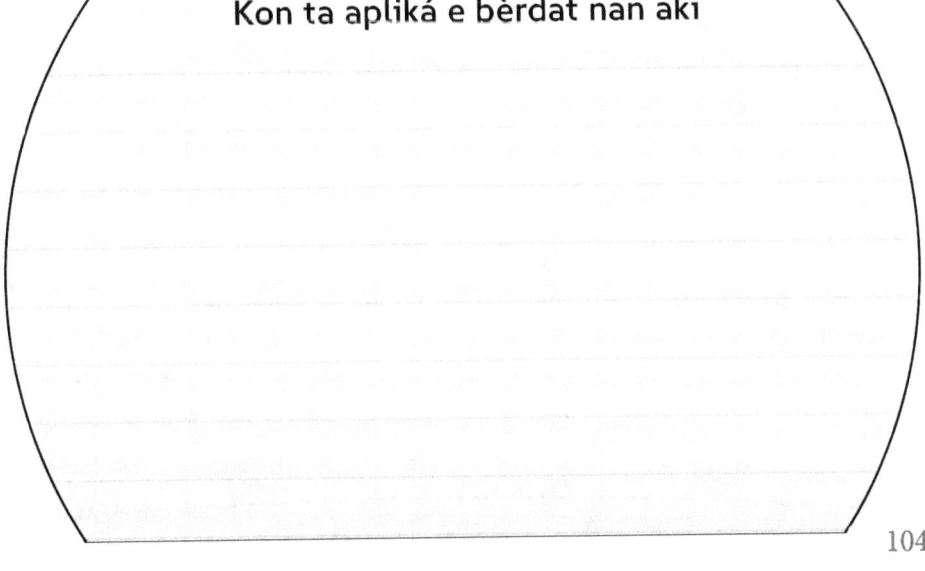

Kon ta apliká e bèrdat nan akí

Nòmber di Predikadó:	Fecha:
	Orashon
Versíkulo:	
Anotashon:	

> 1 Korintionan 4: 5
> Pesei, no sigui huzga promé ku tempu, ma warda te ora Señor bin, Kende tambe lo trese na kla e kosnan skondí den skuridat i deskubrí e intenshonnan di kurason di hende; i e ora ei kada hende lo risibí su elogio for di Dios.

Anotashon:

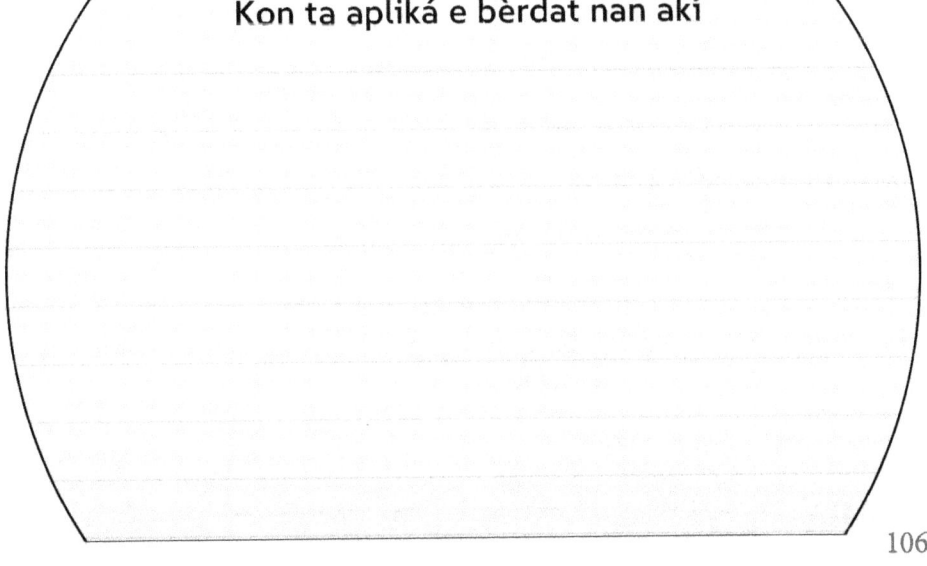

Kon ta apliká e bèrdat nan akí

Nòmber di Predikadó:	Fecha:
Versíkulo:	Orashon
Anotashon:	

2 Korintionan 12: 9a
I El a bisami: "Mi grasia ta basta pa bo, pasobra Mi poder ta wòrdu hasí perfekto den debilidat.

Anotashon:

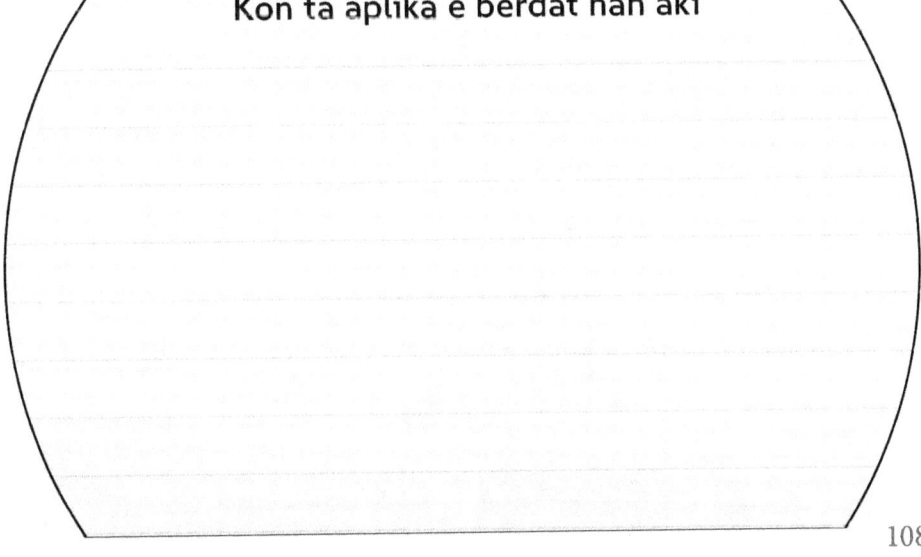
Kon ta apliká e bèrdat nan akí

Nòmber di Predikadó:	Fecha:
	Orashon
Versíkulo:	

Anotashon:

Galationan 5:1
Ta pa libertat Cristo a hasi nos liber; pesei, keda para firme i no sea sometí atrobe na un yugo di sklabitut.

Anotashon:

Kon ta apliká e bèrdat nan akí

Nòmber di Predikadó:	Fecha:
	Orashon
Versíkulo:	
Anotashon:	

Efesionan 1:22 -23
I El a someté tur kos bou di Su pianan,
i a duna E komo kabes riba tur kos na e iglesia,
kual ta Su kurpa, e plenitut di Esun ku ta yena tur den tur.

Anotashon:

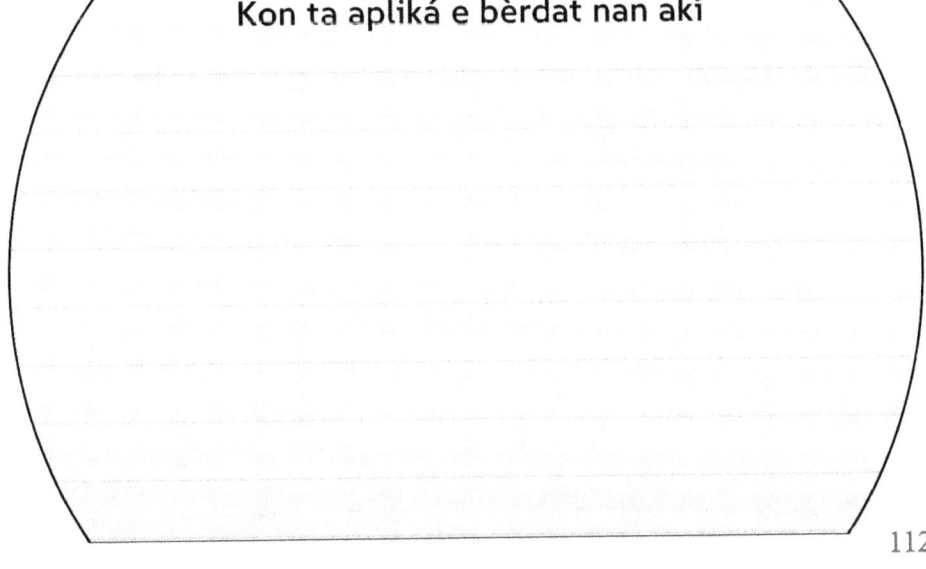

Kon ta apliká e bèrdat nan akí

Nòmber di Predikadó:	Fecha:
Versíkulo:	Orashon
Anotashon:	

Filipensenan 2:3
No hasi nada ku un aktitut di egoismo òf orguyo, ma ku umildat laga kada un di boso konsiderá e otro mas importante ku e mes.

Anotashon:

Kon ta apliká e bèrdat nan akí

Nòmber di Predikadó:	Fecha:
Versíkulo:	Orashon
Anotashon:	

Isaias 46:4
Te na boso biehes Ami lo ta meskos, i te na boso añanan di kabei blanku lo Mi karga boso! Mi a traha boso i lo Mi sostené boso; lo Mi karga boso i lo Mi libra boso.

Anotashon:

Kon ta apliká e bèrdat nan akí

Nòmber di Predikadó:	Fecha:
	Orashon
Versíkulo:	
Anotashon:	

---

1 Pedro 1:23
pasobra boso a nase di nobo, no di simia ku ta koruptibel sino inkoruptibel, esta, pa medio di e palabra di Dios ku ta biba i ta permanesé pa semper.

Anotashon:

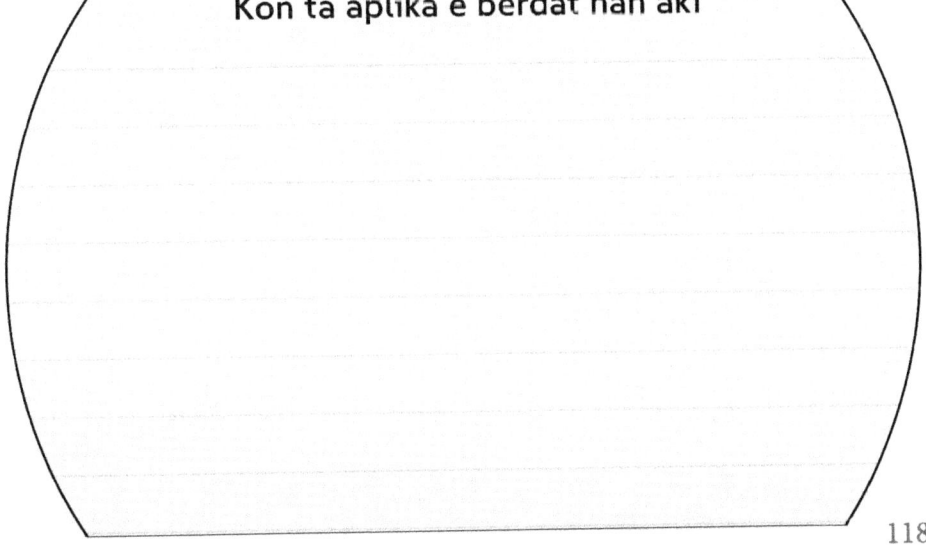
Kon ta apliká e bèrdat nan akí

Bo por hasi orashon pa mi?

Salmo 119:133
Stablesé mi pasonan den Bo palabra,
i no laga ningun inikidat tin dominio riba mi.